Wilkommen

Dieses Buch gehört

&

____

Hier war unser erstes Date:

____

don't
QUIT

Unsere Bucket List

Nr .... ◯

Nr .... ◯

Nr .... ◯

Nr .... ◯

Nr .... ◯

Nr .... ◯

Nr .... ◯

Nr .... ◯

Nr .... ◯

Nr .... ◯

Nr .... ◯

Nr .... ◯

Nr .... ◯

Nr .... ◯

Nr .... ◯

Unsere Bucket List

Nr .... ◯

Nr .... ◯

Nr .... ◯

Nr .... ◯

Nr .... ◯

Nr .... ◯

Nr .... ◯

Nr .... ◯

Nr .... ◯

Nr .... ◯

Nr .... ◯

Nr .... ◯

Nr .... ◯

Nr .... ◯

Nr .... ◯

Unsere Bucket List

Nr .... ◯

Nr .... ◯

Nr .... ◯

Nr .... ◯

Nr .... ◯

Nr .... ◯

Nr .... ◯

Nr .... ◯

Nr .... ◯

Nr .... ◯

Nr .... ◯

Nr .... ◯

Nr .... ◯

Nr .... ◯

Titel:

....

Darum wollen wir das machen: ....

....

Was wir brauchen: ....

....

Yes! We did it :)

Datum: ....   Ort: ....

Die Geschichte: ....

....

....

....

Highlights: ....

....

Das haben wir gelernt: ....

....

Wiederholung ⟶ ◯ Ja   ◯ Nein

02

Titel:
....
....

Darum wollen wir das machen: ....
....

Was wir brauchen: ....
....

Yes! We did it :)

Datum: .... Ort: ....

Die Geschichte: ....
....
....
....

Highlights: ....
....

Das haben wir gelernt: ....
....

Wiederholung ⟶ ◯ Ja ◯ Nein

03

Titel:

....

Darum wollen wir das machen: ....

....

Was wir brauchen: ....

....

Yes! We did it :)

Datum: .... **Ort:** ....

Die Geschichte: ....

....

....

....

....

◎ Highlights: ....

....

Das haben wir gelernt: ....

....

Wiedrholung ⟶ ◯ Ja   ◯ Nein

04

Titel:

Darum wollen wir das machen:

Was wir brauchen:

Yes! We did it :)

Datum: Ort:

Die Geschichte:

◎ Highlights:

Das haben wir gelernt:

Wiedrholung ○ Ja ○ Nein

Titel:

....

....

Darum wollen wir das machen: ....

....

Was wir brauchen: ....

....

Yes! We did it :)

Datum: .... **Ort:** ....

Die Geschichte: ....

....

....

....

◎ Highlights: ....

....

Das haben wir gelernt: ....

....

Wiedrholung ➝ ◯ Ja ◯ Nein

06

Titel:

....

....

Darum wollen wir das machen: ....

....

Was wir brauchen: ....

....

Yes! We did it :)

Datum: .... **Ort:** ....

Die Geschichte: ....

....

....

....

....

Highlights: ....

....

Das haben wir gelernt: ....

....

Wiedrholung ⟶ ◯ Ja ◯ Nein

07

Titel:

Darum wollen wir das machen:

Was wir brauchen:

Yes! We did it :)

Datum: Ort:

Die Geschichte:

Highlights:

Das haben wir gelernt:

Wiedrholung ⟶ ◯ Ja   ◯ Nein

08

Titel:

....

....

Darum wollen wir das machen: ....

....

Was wir brauchen: ....

....

Yes! We did it :)

Datum: ....   Ort: ....

Die Geschichte: ....

....

....

....

◎ Highlights: ....

....

Das haben wir gelernt: ....

....

Wiedrholung ⟶ ◯ Ja   ◯ Nein

Titel:

....

....

Darum wollen wir das machen: ....

....

Was wir brauchen: ....

....

Yes! We did it :)

Datum: .... **Ort:** ....

Die Geschichte: ....

....

....

....

....

Highlights: ....

....

Das haben wir gelernt: ....

....

Wiederholung ⟶ ◯ Ja ◯ Nein

10

Titel:
....
....

Darum wollen wir das machen: ....
....

Was wir brauchen: ....
....

Yes! We did it :)

Datum: .... Ort: ....

Die Geschichte: ....
....
....
....

◎ Highlights: ....
....

Das haben wir gelernt: ....
....

Wiedrholung ⟶ ◯ Ja ◯ Nein

11

Titel:

Darum wollen wir das machen:

Was wir brauchen:

Yes! We did it :)

Datum:

Ort:

Die Geschichte:

◎ Highlights:

Das haben wir gelernt:

Wiedrholung ⟶ ◯ Ja ◯ Nein

12

$\mathcal{T}$itel:

Darum wollen wir das machen:

Was wir brauchen:

Yes! We did it :)

Datum: Ort:

Die Geschichte:

Highlights:

Das haben wir gelernt:

Wiedrholung → ◯ Ja ◯ Nein

13

Titel:

Darum wollen wir das machen:

Was wir brauchen:

Yes! We did it :)

Datum: Ort:

Die Geschichte:

Highlights:

Das haben wir gelernt:

Wiedrholung → ◯ Ja ◯ Nein

14

Titel:

Darum wollen wir das machen:

Was wir brauchen:

Yes! We did it :)

Datum: Ort:

Die Geschichte:

◎ Highlights:

Das haben wir gelernt:

•••• Wiedrholung ⟶ ◯ Ja   ◯ Nein ••••

Titel:

....

....

Darum wollen wir das machen: ....

....

Was wir brauchen: ....

....

Yes! We did it :)

Datum: .... **Ort:** ....

Die Geschichte: ....

....

....

....

....

◎ **Highlights:** ....

....

Das haben wir gelernt: ....

....

Wiedrholung ➔ ◯ Ja   ◯ Nein

16

Titel:

....

....

Darum wollen wir das machen: ....

....

Was wir brauchen: ....

....

Yes! We did it :)

Datum: .... Ort: ....

Die Geschichte: ....

....

....

....

Highlights: ....

....

Das haben wir gelernt: ....

....

Wiedrholung ⟶ ◯ Ja ◯ Nein

17

Titel:

Darum wollen wir das machen:

Was wir brauchen:

Yes! We did it :)

Datum: Ort:

Die Geschichte:

Highlights:

Das haben wir gelernt:

Wiedrholung ○ Ja ○ Nein

18

Titel:

Darum wollen wir das machen:

Was wir brauchen:

Yes! We did it :)

Datum: Ort:

Die Geschichte:

Highlights:

Das haben wir gelernt:

Wiedrholung ○ Ja ○ Nein

19

Titel:
....
....

Darum wollen wir das machen: ....
....

Was wir brauchen: ....
....

Yes! We did it :)

Datum: .... Ort: ....

Die Geschichte: ....
....
....
....

◎ Highlights: ....
....

Das haben wir gelernt: ....
....

Wiedrholung ⟶ ◯ Ja ◯ Nein

20

Titel:

....

....

Darum wollen wir das machen: ....

....

Was wir brauchen: ....

....

Yes! We did it :)

Datum: ....   **Ort:** ....

Die Geschichte: ....

....

....

....

Highlights: ....

....

Das haben wir gelernt: ....

....

Wiedrholung → ◯ Ja ◯ Nein

21

Titel:

....

Darum wollen wir das machen: ....

....

Was wir brauchen: ....

....

Yes! We did it :)

Datum: .... Ort: .....

Die Geschichte: ....

....

....

....

Highlights: ....

....

Das haben wir gelernt: ....

....

Wiedrholung ⟶ ◯ Ja   ◯ Nein

22

Titel:

....

Darum wollen wir das machen: ....

....

Was wir brauchen: ....

....

Yes! We did it :)

Datum: .... Ort: ....

Die Geschichte: ....

....

....

....

◎ Highlights: ....

....

Das haben wir gelernt: ....

....

Wiedrholung ➔ ◯ Ja ◯ Nein

23

Titel:

Darum wollen wir das machen:

Was wir brauchen:

Yes! We did it :)

Datum:

Ort:

Die Geschichte:

Highlights:

Das haben wir gelernt:

Wiedrholung ○ Ja ○ Nein

24

Titel:

Darum wollen wir das machen:

Was wir brauchen:

Yes! We did it :)

Datum: Ort:

Die Geschichte:

Highlights:

Das haben wir gelernt:

Wiedrholung ○ Ja ○ Nein

25

Titel:

....

....

Darum wollen wir das machen: ....

....

Was wir brauchen: ....

....

Yes! We did it :)

Datum: ....   **Ort:** ....

Die Geschichte: ....

....

....

....

....

Highlights: ....

....

Das haben wir gelernt: ....

....

Wiedrholung ⟶ ◯ Ja   ◯ Nein

26

Titel:

....

....

Darum wollen wir das machen: ....

....

Was wir brauchen: ....

....

Yes! We did it :)

Datum: .... **Ort:** ....

Die Geschichte: ....

....

....

....

Highlights: ....

....

Das haben wir gelernt: ....

....

Wiedrholung ⟶ ◯ Ja   ◯ Nein

Titel:

....

....

Darum wollen wir das machen: ....

....

Was wir brauchen: ....

....

Yes! We did it :)

Datum: .... **Ort:** ....

Die Geschichte: ....

....

....

....

🌀 **Highlights:** ....

....

Das haben wir gelernt: ....

....

Wiedrholung → ◯ Ja ◯ Nein

28

Titel:
....

Darum wollen wir das machen: ....

Was wir brauchen: ....

Yes! We did it :)

Datum: .... Ort: ....

Die Geschichte: ....
....
....
....

◎ Highlights: ....
....

Das haben wir gelernt: ....
....

•••• Wiederholung ➜ ◯ Ja ◯ Nein ••••

29

Titel:

....

....

Darum wollen wir das machen: ....

....

Was wir brauchen: ....

....

Yes! We did it :)

Datum: .... **Ort:** ....

Die Geschichte: ....

....

....

....

....

◎ **Highlights:** ....

....

Das haben wir gelernt: ....

....

Wiederholung → ◯ Ja ◯ Nein

Titel:

....
....

Darum wollen wir das machen: ....
....

Was wir brauchen: ....
....

Yes! We did it :)

Datum: ....   Ort: ....

Die Geschichte: ....
....
....
....
....

◎ Highlights: ....
....

Das haben wir gelernt: ....
....

•••• Wiedrholung ➤ ◯ Ja   ◯ Nein ••••

31

Titel:

Darum wollen wir das machen:

Was wir brauchen:

Yes! We did it :)

Datum: Ort:

Die Geschichte:

Highlights:

Das haben wir gelernt:

Wiedrholung ⟶ ◯ Ja ◯ Nein

32

Titel:

Darum wollen wir das machen:

Was wir brauchen:

Yes! We did it :)

Datum: Ort:

Die Geschichte:

Highlights:

Das haben wir gelernt:

Wiedrholung ○ Ja ○ Nein

33

Titel:
....
....

Darum wollen wir das machen: ....
....

Was wir brauchen: ....
....

Yes! We did it :)

Datum: ....   Ort: ....

Die Geschichte: ....
....
....
....
....

Highlights: ....
....

Das haben wir gelernt: ....
....

Wiedrholung ⟶ ◯ Ja   ◯ Nein

34

Titel:

Darum wollen wir das machen:

Was wir brauchen:

Yes! We did it :)

Datum: Ort:

Die Geschichte:

◎ Highlights:

Das haben wir gelernt:

Wiederholung → ◯ Ja ◯ Nein

Titel:

....

....

Darum wollen wir das machen: ....

....

Was wir brauchen: ....

....

Yes! We did it :)

Datum: .... Ort: ....

Die Geschichte: ....

....

....

....

....

◎ Highlights: ....

....

Das haben wir gelernt: ....

....

Wiederholung → ◯ Ja ◯ Nein

36

Titel:

Darum wollen wir das machen:

Was wir brauchen:

Yes! We did it :)

Datum: .... Ort: ....

Die Geschichte:

◎ Highlights:

Das haben wir gelernt:

•••• Wiedrholung ▷▷→ ◯ Ja ◯ Nein ••••

37

Titel:

....

....

Darum wollen wir das machen: ....

....

Was wir brauchen: ....

....

Yes! We did it :)

Datum: .... Ort: ....

Die Geschichte: ....

....

....

....

....

Highlights: ....

....

Das haben wir gelernt: ....

....

Wiedrholung ⟶ ◯ Ja ◯ Nein

38

Titel:
....
....

Darum wollen wir das machen: ....
....

Was wir brauchen: ....
....

Yes! We did it :)

Datum: ....   **Ort:** ....

Die Geschichte: ....
....
....
....

Highlights: ....
....

Das haben wir gelernt: ....
....

Wiedrholung ➝ ◯ Ja ◯ Nein

Titel:

....

Darum wollen wir das machen: ....

....

Was wir brauchen: ....

....

Yes! We did it :)

Datum: .... **Ort:** ....

Die Geschichte: ....

....

....

....

◎ **Highlights:** ....

....

Das haben wir gelernt: ....

....

Wiedrholung ⟶ ◯ Ja ◯ Nein

Titel:

Darum wollen wir das machen:

Was wir brauchen:

Yes! We did it :)

Datum: Ort:

Die Geschichte:

Highlights:

Das haben wir gelernt:

Wiederholung → ◯ Ja ◯ Nein

41

Titel:
....
....

Darum wollen wir das machen: ....
....

Was wir brauchen: ....
....

Yes! We did it :)

Datum: .... Ort: ....

Die Geschichte: ....
....
....
....

◎ Highlights: ....
....

Das haben wir gelernt: ....
....

•••• Wiedrholung ⇒ ⟶ ◯ Ja ◯ Nein ••••

42

Titel:
....
....

Darum wollen wir das machen: ....
....

Was wir brauchen: ....
....

Yes! We did it :)

Datum: ....   Ort: ....

Die Geschichte: ....
....
....
....

Highlights: ....
....

Das haben wir gelernt: ....
....

Wiedrholung ➤ ◯ Ja ◯ Nein

43

Titel:

Darum wollen wir das machen:

Was wir brauchen:

Yes! We did it :)

Datum: Ort:

Die Geschichte:

Highlights:

Das haben wir gelernt:

Wiedrholung ○ Ja ○ Nein

44

Titel:

....

....

Darum wollen wir das machen: ....

....

Was wir brauchen: ....

....

Yes! We did it :)

Datum: .... Ort: ....

Die Geschichte: ....

....

....

....

Highlights: ....

....

Das haben wir gelernt: ....

....

Wiedrholung → ◯ Ja ◯ Nein

45

Titel:

Darum wollen wir das machen:

Was wir brauchen:

Yes! We did it :)

Datum: Ort:

Die Geschichte:

◎ Highlights:

Das haben wir gelernt:

•••• Wiedrholung → ◯ Ja ◯ Nein ••••

Impressum:
Benjamin Seiferth
Jakobstr.5
54290 Trier
B-Seiferth@web.de